Osório Barbosa

POEMAS PASSIONAIS

fala, fala,
de aborrecer:

João de Castro escreveu — 3
...coto lenha no mato — 3
...me dão mel preto, ba...
...co muito espalhafa...

santo meu Caridoso ⎤
mínimos Venerado ⎥—
bem que seja trigueiro ⎥
brancura abalizado ⎦

. Consi...
...res em tudo...
...plana a côr...
...do Capião na...
...uma...

Ofereço este livro para mim mesmo, bem como, por ser daqueles que não querem o bem e o bom apenas para si, também para você! Portanto, é nosso!

Um agradecimento: ao Felipe Cabral Pinto, escritor português que me emprestou o nome da obra.

Copyright © 2015 Osório Barbosa
Poemas passionais © Editora Pasavento

Revisão
Marcelo Nocelli
Natália Souza

Imagem de capa
Luiz Masi

Imagem interna
Ilustração de Cris Lima

Design e editoração eletrônica
Negrito Produção Editorial

Dados Internacionais de Catalogação na Publicação (CIP)
Bibliotecária Juliana Farias Motta (CRB 7-5880)

Barbosa, Osório * 22.09.62 + (não tão cedo).
Poemas passionais / Osório Barbosa. – São Paulo: Pasavento,
2015.
144 p.; 14 x 21 cm.

ISBN 978-85-68222-08-9

1. Literatura brasileira.   2. Poesia brasileira.   1. Título.
B238p   CDD B869.1

Índice para catálogo sistemático:
1. Literatura brasileira 2. Poesia brasileira

Todos os direitos desta edição reservados à:

EDITORA PASAVENTO
www.pasavento.com.br

Prefácio

Este é um livro de poesias. Nem sei ao certo se lhe cabe um prefácio. Prefaciar um trabalho acadêmico, uma tese científica significa elucidar pontos, sublinhar aspectos, ressaltar alcances, de algum modo entrar no discurso e *pré fazê-lo*, isto é, antecipar-se ao texto na linguagem que lhe seja comum. Como fazer isso quando se lida com textos poéticos? Prefaciar seria "poetizar"?

Noam Chomsky (Linguagem e Pensamento, Petrópolis, 1971, p. 40), ao discutir as contribuições linguísticas para o estudo do pensamento, menciona um efeito sutil na percepção dos fenômenos: as descobertas mais elementares da física clássica causariam um certo choque, pois o homem não tem a intuição das órbitas elípticas ou da constante de gravitação; por sua vez, os "fatos mentais", mesmo de natureza profunda, não podem ser "descobertos" pelo psicólogo, porque, sendo intuitivos, uma vez mostrados, são evidentes.

Com isso, diz ele, os fenômenos podem ser tão familiares que realmente não os vemos de todo. E nesse ponto introduz uma curiosa citação de Viktor Shklovskij, um teórico da literatura que, no começo da década de vinte do século passado, desenvolvera

−5

a ideia de que a função da arte poética seria "*tornar estranho*" o objeto descrito.

Dizia Shlovskij: "Quem vive na beira da praia acostuma-se tanto ao murmúrio das ondas que nunca as ouve. E a prova disso é que dificilmente ouvimos as palavras que proferimos... Olhamos uns para os outros, mas nem por isso vemo-nos uns aos outros. Nossa percepção do mundo desfez-se; o que ficou é o simples reconhecimento".

A função da poesia seria "tornar estranha" a mesmice do cotidiano. Quem ama torna-se, por vezes, um obsessivo, não pensa em outra coisa, suspira sem se dar conta, lança olhares, introverte-se, ou se expande em alegria incontida, fala sem ser chamado, ri à toa, vira um ridículo... tudo aos olhos dos outros. Louco? Insensato? Como fazer disso algo sentido e percebido por almas sensíveis?

Osório sempre foi um profissional da área jurídica. A veia poética, parafraseando Camões, talvez lhe venha como "um não sei que, que nasce não sei onde, vem não sei como e dói não sei por quê".

No começo de seu livro ("Oferecimento") ele faz uma confissão: "sempre senti dores de amor, mesmo quando não tinha a quem amar, porém não sabia que podia nem como poderia dizê-las, contentava-me, assim, com ler as dores dos outros. Eis que, certo dia..."

A invocação em seguida de Pitágoras, com uma fórmula matemática que, desvendada, resulta numa singela declaração ("amo-te") traz algo do *tornar estranho*, da revelação do simples cotidiano – amo-te – pelos caminhos insensíveis de uma demonstração racional. Surpresa? Sim, espanto que desperta e faz do óbvio um outro inesperado.

E assim se põe Osório a poetar, sem economia de beijos para quem gosta de beijos, de abraços para quem gosta de abraços, da mão ofertada para quem se disponha a apertá-la. E de versos para quem os leia. Leia? Osório diz que eles podem ser "usados". Como usar um verso?

Talvez e principalmente no diálogo mudo entre amantes, de muitos beijos e carinhos, entrecortados de palavras suspiradas que mal se ouvem e que e que repetem sem perceber a fórmula de Pitágoras.

Tercio Sampaio Ferraz Junior
Academia Paulista de Letras

Uma confissão

Sempre senti dores de amor, mesmo quando não tinha a quem amar, porém não sabia como dizê-las, contentava-me, assim, em ler as dores dos outros.

Eis que, certo dia, já na faculdade, deparei-me com algo que se tem como sendo um "Bilhete de Pitágoras" para uma moça com a qual ele queria namorar:

$$a = \sqrt{\frac{xa + ate}{mo}}$$

Ela, ao ver tal fórmula, ficou espantada e, por não dominar ainda a matemática – ao contrário de mim, que fiz vestibular e cursei por alguns meses engenharia mecânica –, foi procurar ajuda para resolver o problema justamente com o bambambã da escola, o próprio Pitágoras! Que aproveitou a oportunidade e passou, à medida em que resolvia o problema, a explicá-lo e a explicar-se para a pretendida.

X, no caso é você! Disse ele.

X, neste caso é você que está me lendo agora, digo eu.

E a resolução ficou assim:

$$a = \sqrt{\dfrac{xa + ate}{mo}}$$

$$\left(a\right)^2 = \left(\sqrt{\dfrac{xa + ate}{mo}}\right)^2$$

$$a^2 = \dfrac{xa + ate}{mo}$$

$$a^2 \cdot mo = xa + ate$$

$$a \cdot a \cdot mo = xa + ate$$

$$a \cdot a \cdot mo = a \cdot \left(x + te\right)$$

$$amo = x + te$$

$$x = amo - te$$

Assim, com esse incentivo pitagórico, libertei-me de duas coisas: do medo de dizer e do medo de não ser compreendido.

Manuel Bandeira diz que "o poema deve causar alumbramento no leitor". Ferreira Gullar diz que "o poema deve causar deslumbramento". Eu digo apenas que o poema deve ser útil.

Minha matéria-prima tem sido os desencantos, os choros, as vitórias, as glórias, as alegrias, as decepções, as derrotas, as raivas, as iras, o perdão (pedido e aceito), a esperança, a tentativa de ajudar, guiar-me e guiar. Ou seja, a vida e sua beleza e fealdade!

Mas poema é via de mão dupla: varia para quem o escreve e para quem o lê! Portanto, de pessoa para pessoa, de local para local e de hora para hora!

Não espero que gostem dos meus escritos, apenas que os leiam!

Um beijo para quem é de beijo, um abraço para quem é de abraço, um aperto de mão para quem é de aperto de mão e meus poemas para todos.

OSÓRIO BARBOSA

Sumário

17 Confissão

18 Adriana

19 Aline

20 A mulher dormindo

21 Anúncio

22 Aonde você vai

23 Ausência

24 Bebo para esquecer

25 Ausência II

26 Boca

28 Canção do desespero

29 Cibele

30 Como gostaria que você me ignorasse

31 Como posso estar só nesta festa

32 Abuso de beleza

33 Bom dia!

34 Confesso

35 Carruagem de fogo sobre o mar

36 Dança imaginária

38 A nobreza da beleza

39 De onde vim ninguém sabe

40 Desamado desarmado

41 Descrição

43 É triste a minha tristeza

44 O peso do seu amor!

45 Ao teu lado
46 Elysângela
47 Encontro
49 Sorte
50 Eu me contento com esmolas
51 As axilas
53 Fera
54 Fase de ciúmes
55 Fátima
56 Fiel bêbado
57 Fim de amor
59 Florípedes
60 Bilhete perfumado
61 Garota do Tatuapé
62 Geovana
63 Homem ou balão?
65 Inquietude
67 Juventude ou morte
69 Lembranças sem passado
70 Lia
71 Loucura
72 Dói-me muito não ser poeta
73 Meu coração acelerado
75 Meu coração se contenta com esmolas
76 Por que nunca se escapa de uma paixão?
77 Meus sonhos
78 Minha parceira
79 Na praça

80 Não sei fazer poesia
81 Não sei o que devo fazer
83 Noite
85 O álcool
86 O homem que me ama
88 Para Tati II
89 O rio da minha terra
90 Os poemas bonitos são aqueles que falam de amor
91 Panegírico
93 CRISálida
95 Pedido de Natal
96 Pedido
98 Poema em 1ª pessoa
100 Penetrar-te
101 Posso chorar todas as minhas lágrimas
102 Você me aprisionou
103 Por que quero estar em sua companhia?
104 Foto
105 Se a beleza em ti fez morada
106 Teus olhos
107 Garçom
108 Tua busca
109 Um pássaro malabarista
110 Tua imagem
111 Um dia sonhei ser poeta
113 Vão esperar
114 Teu hálito

− *15*

115 Vestimentas

117 Você e o tempo

118 Você gosta de poesia?

119 Não sou poeta

121 Oferecimento a professora

122 Desencontros

123 Destino

124 Encontro perfeito

125 Guiomar

126 Se eu nunca mais voltar a ver-te

127 Por que você?

128 Atrevimento

130 Contabilidade do amor

131 Admiração

132 Regozijo

133 Sou um cavalheiro

134 Zélia

135 Sem nome

136 Teu olhar

137 O capital entortou a metafísica!

138 Ode ao vinho I

139 Ode ao vinho X

140 Egoísmo

141 Vinho encorpado

142 Poesia é...

Confissão

Se sou poeta,

não é porque tenho inspiração.

Se sou alegre,

não é porque a vida me dá prazer.

Se sou feliz,

não é porque tenho o mundo.

Se sou rico,

não é porque tenho tesouros.

Sou poeta, alegre, feliz e rico porque tenho você!

Você que me inspira, me alegra, me traz felicidade e me enriquece.

Você, afinal, é o ar que respiro, o sangue que faz meu coração pulsar.

Manaus, 08.10.99.

Adriana

Andar por mundos desconhecidos é o meu desafio.

Destruir muros e cercas que aprisionam meus
[sonhos é minha missão.

Rir quando todos choram ou chorar quando todos
[riem.

Isso é a contradição que me guia:

A busca por ver o belo onde só há fealdade.

Nascer onde todos querem morrer.

A contradição pela esperança é o meu astrolábio.

São Paulo, 13.09.04.

Aline

Se perguntar não ofende, diga-me:

Por que és um anjo na terra?

(teus cabelos não negam).

Por que és musa inspiradora?

(a Aline de Christophe não nega).

Por que teus olhos são tão preciosos?

Por que teu sorriso cativa?

Por que teu porte encanta?

Por que tens inteligência ímpar?

Por que és quem és?

Por que sou quem sou?

Tudo são dúvidas,

Tudo é encanto,

Tudo és tu:

O que vejo,

O que reina,

O que desejo,

O que respiro,

Enfim, és quem és:

Aline, simplesmente, e basta.

São Paulo, 03.05.02.

A mulher dormindo

Ao te ver dormindo,

penso que comigo sonhas.

Contigo sonho mesmo acordado!

Ah! Como é bom deitar ao teu lado.

Tua respiração pausada e quente aquece-me do frio.

Teu hálito tem gosto de bebida de anis.

Ao sugar teus lábios avermelhados,

da sede sou saciado.

Ao ser preso em teus braços,

finalmente encontro a paz,

recebendo vida nova,

no amor que a gente faz.

Manaus, casa, 01.12.99, às 23h59.

Anúncio

Vendo minha alma.

Valor?

Um grande amor.

Aceito bem de maior valor, se existir.

Onde encontrar-me?

Sou agulha num palheiro.

São Paulo-SP, 10.08.11, às 12:00h.

Aonde você vai?

Não sei
Te encontrar
Me encontrar
Encontrar não sei quem
Buscar-me
Buscar-te
Buscar alguém
Buscar não sei quem
Levar-me
Entregar-me
Perder-me.

Ausência

O sol já nasce no horizonte distante.

Tento, com sua ajuda,

aquecer meu coração solitário.

Sofro com sua ausência

que fez da noite uma espera que quase não chega

[ao fim.

Manaus, 03.02.84.

Bebo para esquecer

Bebo para esquecer.

Uns dizem que é ruim.

Não pode ser.

Não busco ninguém,

mas tão somente a mim.

Rio Branco-AC, 24.02.99.

Ausência II

Na brisa que passa
sinto teu perfume.
No sol que morre,
vejo-te renascer.
Em cada curva da estrada,
vejo-te despida.
No casal de namorados: vejo-te!
E morro de ciúmes.
Pensar em perder-te?
Jamais!
Pensar em querer-te?
Sempre!
Cada instante de nossas vidas
é século de felicidade.
Cada minuto a teu lado
é uma feliz eternidade.

Manaus, 22.09.81.

Boca

Boca que fala
ama
chora e
cala

Boca dos lábios de mel
boca que canta
sorri
beija e
espanta

Boca gosto de fel

Boca que briga
mente
reclama e
intriga

Boca cheia de malícia

Boca que acaricia a alma
o vento e
a pele macia

Boca que eu desejo
amo
mas não beijo

Falta de sorte
boca do céu
boca do inferno
boca da noite!

Manaus, 15.07.82.

Canção do desespero

Por que todos no bar da esquina sorriem e eu
estou tão triste?

Que direito tenho para ser triste?

Que mal me acomete para eu ser triste?

Que doença me consome?

Quem me escraviza?

Quem me tortura?

Que diabo me apreendeu?

Quem há de me libertar?

Que dor é essa que não tem remédio?

Por que não grito?

Por que não choro?

Por que meu estômago é uma fábrica de bílis que
corrói minhas entranhas?

Quando este câncer que corrói todas as minhas
células me abandonará?

São Paulo, 04.04.09.

Cibele

Cansei de esperar por quem nunca virá.

Imaginei que meus sonhos um dia se
[materializariam.

Busquei, no silêncio e na distância,

Encontrar alento para meu atormentado coração
[que sangra

Ledo engano,

É hora de gritar no vácuo: me ama!

São Paulo, 13.09.04.

Como gostaria que você me ignorasse

Então, o que posso pedir-te?

Apenas que me ignores.

Que me esqueças em todos os teus dias:

ao acordar-te,

ao trabalhar,

ao divertir-te,

ao dormir...

Sempre me esqueças em teus momentos felizes,

já que deles não posso fazer parte.

Me esqueças também nas tuas tristezas,

pois delas também sou o culpado,

já que meus louvores não foram

suficientes para evitá-las.

São Paulo, 08.11.00.

Como posso estar só nesta festa

Como posso estar só nesta festa
se tua lembrança enlaça meu pescoço,
no momento em que bailamos, suavemente,
este tango de Gardel?

Abuso de beleza

Só porque és linda,

divina,

maravilhosa,

cheirosa

e inteligente,

pensas que podes me humilhar?

Pois fique você sabendo...

pode mesmo!

Entretanto, se n'algum momento do teu desprezo,
da tua indiferença,

te sobrar um tempo para humilhar-me mais ainda,

por favor, não hesites, dá-me um pouco de atenção,
um mínimo de carinho, uma réstia de beijo, e se
nessa infinidade de maldades algo ainda te sobrar,
dá-me uma insignificância de teu amor.

Assim, pode ser até que me mate, pois a vida não é
mais possível longe de tanto prazer.

São Paulo, 11.10.01.

Bom dia!

Que teu dia seja tão feliz quanto são os meus desde que te conheci!

Que eu possa neste dia te dar um grama de alegria como retribuição das toneladas de alegria que me dás!

Quisera saber ser mais palhaço do que sou apenas para ver, pelo menos, um esboço de teu sorriso, que para mim tem o clarão de mil sóis!

Vivo por querer tua felicidade, que é a minha também, por seres a razão do meu respirar!

Tua existência é o perfume que me alimenta e me guia, fazendo dos meus dias a sublimidade de uma alegria que me invade e faz tremer o coração que explode, jorrando flores que tentam dar cor ao encanto em que me manténs com teu olhar profundo, reconfortante e acalentador, e cujo único temor que me impõe é o medo de ser teu. Que é a única maneira de ser eu!

– 33

Confesso

Ao teu lado, em certas horas, não sei o que dizer.
Já te disse tudo e tantas vezes repeti que, por certo,
ficaram velhas as palavras.

Queria apenas, para não te cansar,

repetir uma única expressão,

que mesmo não forjada a ferro e a fogo é produzida
no mais íntimo e dolorido recanto do meu coração.

Que me ouças pela última vez,

e que a última vez seja sempre a primeira.

Ouça-me: perdoa-me por calar quando deveria falar

por falar quando deveria calar.

Perdoa-me por quanto te fiz chorar, porque também
choravam minhas entranhas.

Perdoa-me pelas alegrias que te dei em um dia ou
em uma noite, pois elas deveriam ser eternas.

Perdoa-me, por fim, por confessar que, dentre todos
os acertos da minha vida, o mais nobre é te amar.

São Paulo, 26.05.01
(um dos dias mais felizes da minha vida).

Carruagens de fogo sobre o mar!

Meu amigo sofista já disse
da possibilidade de "carruagens de fogo, puxadas
por cavalos alados, cruzarem o mar".
Entre pensar e ser,
vai a mesma distância entre ser e dever-ser.
Escabreado, não confiei no meu guia, também, por
ser empirista, não ter confiado em que "é doce mor-
rer no mar".
Como não sei se no céu... ou no inferno,
terá um mar para banhar-me e admirar,
preferi continuar neste mundo tão belo.
Levou-me a querer viver mais, também, a incerteza
do tempo que ainda teria que esperar para a chega-
da dela, a qual não quero que morra nunca, mesmo
que para ficar ao meu lado, pois o mundo perderia
toda sua beleza, sua cor e seu perfume se ela cá não
estiver, viva e sorridente, a iluminar com seu sorriso
a minha vida, como a lua a ilumina o mar, tornando-
-o um maciço inoxidável.

São Paulo (TRF3), 27.11.2006.

Dança imaginária

Ao ouvir tua voz suave
sussurrando em meu ouvido,
ouço acordes de violinos.

A melodia é leve e suave,
como os dedos e o arco que deslizam sobre as
[cordas.
Tuas cordas emitem o mais refinado acorde,
que embala minh'alma
e me faz dançar
neste salão imaginário,
amplo e lustroso
nosso paço,
a refletir nossos passos.

Preso em teus braços encontro a liberdade

Giramos por todo o salão,
como se volteássemos pelo mundo.

E a vida, doce e bela, não dura mais que um
[segundo,
Quando trêmulo, aceitas meu pedido estendendo a
[mão.

Manaus, 04.12.99, às 22:31 h.

A nobreza da beleza

Por que alguns ousam negar a nobreza?

Vós sois a prova do erro daqueles!

Nobre não é quem quer, mas quem pode.

A natureza, mãe de tudo, sabe o que faz.

Assim, não dá nada a quem não merece.

O que fazer?

Aceitar, ver e compreender.

Não aceitar seria brigar contra o invencível.

Ver é o início para compreender e aceitar.

Vendo-a, vê-se a perfeição.

Quem não compreenderia a perfeição vista?

Os tolos?

Mas quem seria tolo para não louvá-la?

Apenas aqueles que não a viram.

Portanto, imposto está o círculo vicioso:

Vê-la implica louvá-la; louva-a quem a vê.

Bendita seja a luz dos olhos que a veem,

Porém mais bendito seja quem te pôs sob o foco do meu olhar.

São Paulo, 27.03.08.

De onde vim ninguém sabe

De onde vim ninguém sabe.

Para onde vou menos ainda.

A vida, portanto, é um segmento de reta entre o nada e o nada.

Sartre disse que era entre o ser e o nada.

De que ser ele falou?

Do "ser-aí"?

Meu pai?

Minha mãe?

Mas de onde vem o óvulo e o espermatozóide?

Do útero e dos testículos, dirão alguns.

Sim, mas antes deles estarem aí, de onde vieram?

E o antes?

E o antes?

E o antes?

São Paulo, 17.05.02.

Desamado desarmado

Se te importuno com meu amor,

É porque ele é a única arma de que disponho!

O tempo já me levou espada e revólver,

deixando-me desarmado para qualquer combate!

Resta-me a covardia do ciúme,

único gládio com que enfrento o medo de teu
[desprezo,

E com ele me lanço na boa luta.

Assim, não tripudies sobre quem,

quase cansado,

só arqueja!

Que prefere a morte a perder-te!

E em quem um coração fraco e esperançoso

ainda teima em pulsar.

São Paulo-SP, 24.09.08

Descrição

Embora seu sorriso seja plácido,

como a superfície de um lago em calma,

seus olhos são um mar em ira,

a tragar tudo que eles alcançam.

Vão além, fazem prisioneira a alma.

Que fazer para fugir desse encanto?

Rezar?

Gritar?

Praguejar?

Derramar rios de pranto?

Nada disso é suficiente para libertar um espírito
[abalado.

Afinal, tua voz é mais um cadeado.

Ver-te é viver, embora se morra quanto mais se
[quer viver.

Seria demasiado sonhar em ser feliz?

Estar por perto de ti,

sentir o ar quente que exalas pelo teu afilado nariz?

Tua ausência sempre me dói,

fico quieto e no meu canto me deixo,

mas o que queria mesmo era ficar escondido no
[fundinho do teu queixo.

Acabaram-se as rimas mas não a emoção,

Por isso te levo sempre guardada no coração.

Dá-me mais um sorriso,

é tudo que me resta,

para ti não custa nada,

para mim transformarás a vida em festa.

São Paulo, 17.02.04.

É triste a minha tristeza

É triste minha tristeza,

Dói bem mais a minha dor.

Dela se origina o pranto,

que resisto em chorar por você.

Mas qual? O mal é profundo,

capaz de acabar o mundo, deixando-o permanecer.

Explico-te: é que ele não existe se não existir você.

O peso do seu amor!

Se você me desse poucas gramas do seu amor,

eu te retribuiria com toneladas do meu!

Vês como valorizo tudo que vem de ti?

Vês como és importante para mim?

De que me valeria o mundo se nele não tivesse o
som do teu sorriso?

Nada nele floresceria!

A terra, mãe de tudo, seria estéril!

É você quem dá sentido à vida,

Vem do teu ventre a semente que anima tudo,

que dá o sopro vital para que as flores sejam

[perfumadas,

as borboletas voem,

e as cores transformem o olhar de quem te vê,

transformando, assim, até o aço, em coisa leve.

São Paulo, 22.08.13.

Ao teu lado

Qualquer segundo vivido ao teu lado
vale mais que qualquer
eternidade distante de ti.

Bsb, 02.10.11, às 00:30 hs.

Elysângela

Encontro-te quando estás cansada e triste.

Li em teus olhos alegria e esperança.

Yes, oui, si. Em qualquer língua leio tua alma.

Será nela que encontrarei a paz que busco.

Ainda que fujas, o mundo é pequeno.

Navegarei oceanos e mares em teu encalço.

Guiado por estrelas te encontrarei.

Estarás sempre ao meu alcance, embora resistas.

Lugar nenhum é distante quando se sabe onde se
[quer chegar.

Ainda que íngremes sejam os caminhos para os teus
[braços.

São Paulo, início dos anos 2000 (2002?).

Encontro

para Marilu

Pouco sei quem tu és,
nada sabes sobre mim.
A ignorância recíproca
seria o esperado de ti.
Para mim existiu um sorriso!
Neste pequeno grande gesto,
qual náufrago,
agarrei-me na tábua
que iria me salvar(?)
(Será?)
Não importa...
O que importa, então?
Saber que és feliz e rogar para que assim continues.
Quanto a mim?
Este admirador respeitoso e omisso
resta a alegria e o encanto de ver-te:
vestir, sentar, sorrir e dançar.
Teu vestido
amarelo-claro(?),

propositadamente amarrotado,

faz ressaltar a beleza

e a elegância de tua silhueta escultural.

O charme com que cruzas as pernas ao sentar,

expõe tua majestade cheia de altivez divina

(és, também, imagem de deusa).

Teus dentes alvos como o marfim,

pequenos, como pedras preciosas, escondidos por lábios que são como um "sabre ensanguentado",

deixam em cada um o desejo de conquistar,

só para si, o inestimável tesouro

(teu hálito perfumado inebria como o absinto).

Já quando danças, a leveza de teus movimentos,

como se flutuasses na imensidão do cosmos,

somados aos suaves gestos repletos de alcaloides

deixam no espectador

inebriado pela raridade do momento

a certeza de que:

mesmo os ignorantes são capazes de admirar e
       [louvar tamanha beleza em movimento.

Belo Horizonte (MG), 31.10.97.

Sorte

Murmura o vento.

Argumenta a razão.

Rimam os versos.

Cantam as sereias aladas.

Entoam preces os querubins.

Louvam-na todos os que veem e sonham.

A sorte, infelizmente, não sorri para todos.

São Paulo, 13.09.04.

Eu me contento com esmolas!

Uma gota do teu olhar

Uma réstia do teu sorriso

Um miligrama do teu pensar

Um micronésimo do teu cheiro

O que para ti seriam esmolas

para mim é a passagem para o paraíso

O teu nada para mim é tudo!

Assim:

Se vivesse para me esquecer

se te esquecesse de me lembrar

se de mim mudasse teu olhar

se a mim recusasse um bom dia,

tudo isso em meu coração seria uma festa, pois,
mesmo em teu desprezo eu estaria presente.

São Paulo, 21.09.07.

As axilas

As axilas merecem descrição,
estudo, reflexão profunda.
São elas fontes de inexplicável volúpia, tesão.
Têm as mais variadas formas, sensibilidade, odor e
[cores.
Oh mulher!, que carregas sob teus braços todos os
homens cativos,
sabes que por ti é feito tudo que é feito.
Não só pelo aconchego do teu peito,
mas, pela proteção do teu braço e do odor cioso que
exalas.
Tuas axilas são a porta da sala.
Por elas adentramos em tua vida como se galga a
casa,
embora não saibamos por onde iremos sair.
Quanto às formas, quem há de se importar?
Podem ser retangulares ou até quadradas.
As cores são o de menos,
podem ter a cor dos brancos, dos morenos ou dos
negros, amarelos, tanto faz.
Sensibilidade sim, isto importa!
Acariciando-as, sabemos que não estás morta.

Quanto aos odores, para eles foram feitas as flores,

dá-lhes cores, frescor, sabores,

embora o natural dei-nos mais tremores.

Deixa-me beijá-las, cheirá-las e lambê-las,

já que macios e saciantes são os seus pêlos.

Maraã-AM, sem data.

Fera

Fará a natureza obra mais bela,

ou será apenas ela,

pantera,

a instigar meu instinto de fera?

Que dorso!

Que pescoço!

Tatuado em minha retina.

Que caminhar dessa menina!

Por detrás de seus lábios terá língua ferina?

Não importa,

seu hálito cheiroso recende como tangerina.

Que importa tudo isso,

Se eu e meus versos para ela são de lana-caprina.

Manaus-AM, 18.11.99.

Fase de ciúmes

Na minha nova fase de ciúmes, resolvi ter ciúme do
[sol.
Pois não é que a tarde ele teima em aquecer o rosto
[da minha amada?

A noite passei a ter ciúme da lua.
Ela também entra pela janela e ilumina o rosto da
minha amada.

A noite escura também me dá ciúme da minha
[amada,
já que não podendo vê-la, penso que ela não está,
e não estando o mundo perde a cor, o sabor e o cheiro,
que ele teima em roubar da minha amada.

Oh minha amada, que meus ciúmes não te
[sufoquem.
Que vejas e sintas neles apenas aquilo que são:
paixão, amor, carinho, amizade e devoção.

São Paulo, 26.05.02
(um dos dias mais felizes da minha vida).

Fátima

Festejam meus olhos quando te veem.

As musas enciúmam-se da tua beleza.

Tens em teu corpo e alma o que perseguem as

[deusas.

Isso é ruim! É perigoso!

Morte te desejam os que te invejam.

Amar-te desejam os que te veem.

São Paulo, 13.09.04.

Fiel bêbado

O muro da igreja parou o carro do bêbado fiel.

Bêbado de vinho.

Bebido no motel.

Manaus, 31.12.04.

Fim de amor

Nos perdemos no cosmos infinito
do nosso grande amor
restam apenas gritos:
de dor
de rancor
de horror.
Hoje não nos olhamos mais
o que ainda nos prende
é algo que não existirá jamais.
Não mais nos entendemos.
O mundo que construímos
foi soprado pelo vento.
O lugar de onde um dia partimos
é hoje praguejado com lamentos.
O que nos recompensa
é que não estamos sós.
Quantos iguais a nós sofrem desses males?
E um dia todos seremos
apenas montes de pós.
Por isso ainda é tempo de libertação.
Demos vivas a nós que sabemos pensar.

Tiremos as setas do coração

e deixemos cada um amar.

Amar livre e sem medo.

Tiremos de nós todos os segredos.

Amar sem nenhum compromisso.

Dizer o que se quer

sem nunca ser omisso

e gritar, sonhar e pedir sempre amor,

pois mesmo na terra estéril

é possível nascer a flor.

Manaus, 01.03.84.

Florípedes

Flor tens até no nome,

Lírios, açucenas, tulipas, rosas e margaridas.

O jardim que trazes no corpo e na alma nem precisa
[ser regado.

Ramos saem de ti para todos os lados e alturas.

Ímpeto de vulcão que desabrocha tens em tua carne.

Partistes e concretizastes o ensinamento divino:
[multiplicastes.

Ensina-nos a arte de amar, pois amor tens de sobra.

Dar amor a tantos é misto de pureza e sabedoria.

Encontras força e perseverança onde tantos
[desistiram.

Ser mulher, em ti, é a plenitude da palavra.

São Paulo-SP, 14.11.02.

Bilhete perfumado

Pensei em escrever-te este bilhete em papel perfumado.

Percebi, no entanto, que o perfume não era verdadeiro, foi retirado de um pequeno frasco.

Pensei, então, dizer-te do meu amor mandando-te o pequeno frasco de perfume.

Ilusão! O perfume não era autêntico, sua essência foi roubada de uma flor.

Estás longe, a flor murcharia antes de encontrar-te, e colhida ela perderia muito de sua beleza.

Que tal fazermos o seguinte?

– andemos pelos campos floridos de mãos dadas. Matas a sede de meus lábios com beijos e, creia, todas as palavras de amor que te disser, elas sim, serão eternamente verdadeiras.

Manaus-Tefé, 22.09.92.

Garota do Tatuapé

Quando pra cá me dirigi, as únicas coisas que me
acompanhavam era a esperança e o medo.
O tempo foi passando e eu fui descobrindo coisas
que imaginava que só existissem em cidades
[diferentes desta.
Descobri a síntese da síntese.
O sumo do supra sumo.
Assim, hoje, vejo São Paulo.
A concentração de tudo (beleza e feiura) num só
lugar.
O que menos esperava encontrar aqui era praia
(que os cariocas insistem em reivindicar pra eles).
Mas temos prainhas!
De onde ela vem?
Podia ser do Ceará, Rio, Espírito Santo, Bahia e até
[de Alagoas.
Nada disso.
A bela moça que me encanta vem de São Paulo.
São Paulo?!
Sim, onde tanta beleza só existe nas combinações
de mundos existentes aqui.

São Paulo, sem data.

– 61

Geovana

Grafar-te, é fácil. Mas como descrever-te?

És a que tudo pode, e que a tudo dá vida.

Ontem eras a grande mãe. E hoje? És a amada
[também!

Vagas pelo mundo ou pelo universo?

Atrais para teus seios quem quer paz...

No teu colo descansar é renascer!

Atas a ti, com correntes de amor, tudo o que vive.

São Paulo, 21, 22 e 23 de maio de 2011.

Homem ou balão?

Girando lá vai ele

roda, roda, roda

quanto mais roda, mais sobe

roda, roda, roda

quanto mais sobe, mais perde a cor

roda, roda, roda

quanto mais perde a cor, mais feio fica

roda, roda, roda

quanto mais feio fica, mais perde a harmonia

roda, roda, roda

quanto mais perde a harmonia, menos admirado
                                    [se torna

roda, roda, roda

quanto menos admirado se torna, mais infeliz se
                                    [sente

roda, roda, roda

quanto mais infeliz se sente, mais desaparece

roda, roda, roda

quanto mais desaparece, mais se perde

roda, roda, roda

quanto mais se perde, mais frívolo é

roda, roda, roda

quanto mais frívolo é, mais sente-se lúgubre

roda, roda, roda

quanto mais sente-se lúgubre, mais

roda, roda, roda

e estoura

quando estoura!

roda, roda, roda

e cai

quando cai

volta para de onde veio

e com a queda

de nada valeu a subida.

Manaus, 08.06.81.

Inquietude

Penso e repenso em nós.

Ando sem destino: seus braços já não me esperam.

Rumino minha dor como um animal ferido.

Ainda pensas em mim?

Uso do único unguento que me resta: o sonho.

Sei que nunca fiz teus olhos brilharem.

Onde encontrarei consolo para a minha dor?

Existirá consolo?

Música, bebida, amigos: nada me distrai.

Meus pensamentos são cativos.

Ingênuo quem pensa que não se é escravo por
[prazer!

Não gostaria, às vezes, de viver estes momentos:

Horas que não terminam. Dias sem luz.

Ânsia de esperar por quem não vem.

Cadê minhas forças?

Onde está minha cota de felicidade neste mundo?

Bebo este cálice de vinho-fel buscando-te.

Encontrar-te-ei?

Pouco importa.

A tristeza em meu coração já fez morada.

Manaus, 24.02.1999 (escrito num folder
que anunciava a festa d'A porca e o parafuso).

Juventude ou morte

Na minha velhice de menino
corro
pulo
brigo
intrigo
Na minha meninice de velho
reclamo
duvido
enjoou
magoou
E na minha juventude?
nada fiz,
somente amei
desiludi
não resisti
chorei
E nas lágrimas derramadas
não corri
não pulei
não briguei
não intriguei

não reclamei

não duvidei

não enjoei

não magoei

Se nada disso fiz

também não vivi

E só agora, com o rosto enrugado e os cabelos

[brancos

é que descobri

que como muitos de minha idade

foi na mocidade

que eu morri.

Manaus, 03.07.81.

Lembranças sem passado

Tua imagem me faz reviver amores que:

nunca conheci,

nunca vi,

nunca tive.

Teu sorriso me faz recordar de:

som que nunca ouvi,

beleza que nunca vi,

doçura que nunca provei.

Te ver, enfim, me faz lembrar:

que sabia que existias, mas que julguei ser fruto de meus sonhos, de minha fantasia.

São Paulo-SP, 04.11.01.

Lia

De tanto ler, ela ficou conhecida como a mulher
que lia.

Por ser Lia

para diferenciá-las de outra(s), que também lia(m),

batizaram-na por Lia Cláudia,

que, assim, será para sempre, a mulher que lia, lê
e lerá, por anos. Meses. E dias.

Mas, ela poderia chamar-se Cláudia Lia.

Questão de mera ordem.

De qualquer forma, nela nada alteraria,

pois até hoje brigam essencialistas e nominalistas,

sem, contudo, saberem o que ocorreu no primeiro
dia.

O nome criou a coisa ou a coisa criou o nome?

O grego não diz onde este caminho levaria.

Fica, portanto, decretado:

seja noite, ou seja dia, nada mudará a substância
de Lia.

São Paulo, sem data.

Loucura

"Os loucos inventaram o amor"
é extremada esta minha posição
já que sou adepto, quiçá, até "alienado" do amor
mas não me sinto louco
e se sou louco
o que me enlouquece mesmo é:

        o amor puro

        simples

        complexo

        carinhoso

        brutal

        selvagem

        doméstico

        ávido

        sedento

Enfim, não tenho preconceito,

        e se te aceito

        é porque sou louco

louco pela loucura de não haver te conhecido antes.

Manaus, 09.04.84.

Dói-me muito não ser poeta

Dói-me muito não ser poeta.

Minha alma vaga por um purgatório do qual não
[sairá.

Meu Deus, por que não me fizeste poeta?

Desejava desde o ventre da minha mãe ser poeta.

Senhor, por que não me fazes poeta?

Eu queria tanto poemá-la.

Por que me negas tão pouco?

Destes tanto a Pessoas, a Bandeiras e a Quintanas.

E a mim, o que me destes?

Não me destes conhecer versos, rimas e métricas,
[inspiração,

Não me fizestes poeta.

Mas, pensando bem, agradeço-te, por não me teres
[feito poeta.

Assim, posso amá-la, louvá-la, decantar suas virtudes e beleza, tudo isso caladinho, dizendo tudo que nela vejo apenas aos meus próprios sonhos.

TRE/AC (Rio Branco-AC, 19 de junho de 2001).

Meu coração acelerado

Meu coração acelerado,
na esquina da ilusão,
freou no semáforo vermelho da saudade.
Tu me vieste à lembrança,
de onde nunca saíste,
como um muro de concreto,
que breca qualquer sonho mais atrevido,
e voltei a mim,
digo, voltei a ti!
de onde não consigo sair,
seja por não querer,
seja por não conseguir.

No posto não reabasteci.
Lá não tinha o que encontro em ti:
– a gasolina que me inflama a alma;
– o óleo que unta minha pele;
– o ar que me faz respirar;
– a água que me sacia a sede;
– o álcool que me faz sonhar.

Vi que é com teus beijos e abraços que me abasteço,

onde o que tenho de ruim encontra o seu fim,

e o bom tem seu começo.

De ti recebo muito mais do que mereço,

dádivas que não têm preço:

– um sorriso;

– um olhar;

– uma carícia;

– um beijo.

Assim, todos e cada um dos teus gestos,

depois de anos,

ainda são tão esperados, queridos e eternos, como no começo.

São Paulo, 13.08.06 – 00h35.

Meu coração se contenta com esmolas

Do seu olhar

Do seu sorriso

Do seu respirar

Do seu pensar

Do seu querer

Do seu sonhar.

São Paulo, 2009.

Por que nunca se escapa de uma paixão?

Meu Deus por que nunca se escapa de uma paixão?

Por que não se aprende a lição?

Por que se pensa que aquela sempre foi à última?

Por que logo se esquece da penúltima?

Por que se pensa que está sarado?

Por que o coração é sempre um mar revolto?

Por que ninguém o controla?

Por que nem razão existe quando o corpo ele imola?

E eu que depois de tantas pensei estar curado...

São Paulo, 17.05.02.

Meus sonhos

Os meus sonhos são bem modestos,
creiam-me!
Alguns deles, por exemplo,
medem apenas alguns poucos micronésimos
de quilômetros de intensão.

São Paulo, 04 e 05.04.12.

Minha parceira

Se toda mulher deve ser amada,

a minha parceira é bi-amada!

Quiçá tri, tetra, tri, penta, hexa, hepta, octa, enea,
deca e quanto mais eu for capaz...

Merece ser amada pelo cheiro que exala!

Pela voz que acalanta,

orienta,

conforta,

e sussurra.

Pelo olhar que vê o feio e reflete o belo.

Pela paciência com que me envolve.

Pela força com que nos carrega nas fraquezas.

Com a ubiquidade de estar e fazer mil coisas ao
mesmo tempo.

Enfim, merece tudo que eu dei, dou e darei,

mesmo sabendo que tudo é pouco diante de sua
imensurável grandeza.

São Paulo, 13.11.14.

Na praça

A praça está ofuscante

Os balões coloridos são agitados pela criançada

As meninas formigas passam rumo ao baile de
[carnaval

Pombos arrulham perto de suas amadas e eu morro
[de inveja

querendo arrulhar também,

mas não posso.

Minha pomba não está aqui.

Manaus, 03.03.84.

Não sei fazer poesia

Não sei fazer poesia.

Não sei o que é métrica ou rima.

Exponho sentimentos,

tão confusos como quando estão sendo produzidos.

Chegam a ser contraditórios, mesmo.

As palavras, também, são fluídas, desconexas.

Mas o que importa tudo isso,

se posso dizer-te o que queres ouvir e o que sinto
com apenas duas palavras?

Te amo!

É tudo.

Eu disse o que sinto.

Você entendeu.

O mais fica para quem souber poetar.

Já que infinitas são as rimas para o verbo amar.

Manaus-AM, 22.10.99.

Não sei o que devo fazer

Em busca de explicações, não sei o que devo fazer.

Se soubesse já teria feito.

Mas por que és para mim motivo de tanto amor,
[dedicação e alegria?

Por que em ti encontrei tudo que sempre procurei?

Por que não me canso de te olhar e ver em ti a
[única imagem que aos meus olhos satisfazem?

Por que teu cheiro de fêmea exala onde quer que
[eu esteja?

Por que teu corpo é tão forte a me proporcionar
[tanta proteção?

Por que teus olhos são um convite ao delírio?

Por que teu sorriso me entorpece como o vinho
[mais puro?

Por que teu corpo me estremece a alma?

És fonte, aquilo de onde algo provém, origem.

Por isso em ti encontro calor, sabor, odor e prazer.

Não me falte nunca anjo em corpo de menina.

Mulher em forma de desejo.

Que teus beijos continuem a fazer o meu corpo
[tremer de frio no calor amazônico.

Que meu corpo, por séculos, faça o teu estremecer.

Que nossas línguas continuem, pela eternidade, a
[se amalgamarem numa só.

Que encontremos prazer nas formas que
[desejarmos.

Que nos compreendamos nas desventuras,

pois nos aguarda, no momento seguinte, o mais
[belo dos desejos a ser satisfeito.

Que eu saiba compreender-te:

Que você entenda minha mensagem:

Te amo enquanto meu coração pulsar.

E na eternidade espero continuar a te dar o meu
[amor que é infinito.

São Paulo, 12 de junho de 2002.

Noite

Não quero falar de tristezas
não falarei do dia,
ele não tem vida
gosto mesmo é da noite
da noite escura

é nela que criamos nossos fantasmas,
construímos nossos castelos de ilusões,

é na noite que fugimos
seja de algozes ou da mulher amada
nela buscamos novos e satânicos prazeres

na noite escura é que sentimos a importância da
[liberdade
quando pela pequena fresta a luz se sente livre e
[se expande

mostrando a doçura desta busca incansável
é, geralmente, à noite que nasce a vida
é por ela que a mãe espera

para entregar em seus braços negros seu fruto tão
[desejado

na noite não há preconceito:
cada um é o que é, se assume
na noite os casais se encontram
matam suas sedes
e se vão sem destino
caminhando lado a lado

é na noite bem escura, no local mais escondido
que é bom de se namorar:
seja homem com homem ou mulher com mulher
[ou opostos
faça o que quiser na noite
ela é sempre condescendente,
nunca irá te censurar.

Manaus, 14.05.85.

O álcool

Álcool, acalento da desilusão.

Antídoto da tristeza.

Desintegrador da família.

Tônico da juventude.

Desinibidor.

Fonte de beleza fugaz.

Inspirador de discursos.

Chave de tesouros.

E muito mais!

São Paulo, sem data.

O homem que ama

O homem que ama está ébrio sem vinho,

O homem que ama, está saciado sem pão,

O homem que ama não come nem dorme.

O homem que ama é um rei sob andrajos,

O homem que ama, tem um tesouro entre ruínas.

O homem que ama não é da terra ou do ar,

O homem que ama não é do fogo ou da água.

O homem que ama é um oceano sem praias,

O homem que ama chove pérolas, sem nuvens.

O homem que ama traz cem luas e cem céus,

O homem que ama possui a luz de cem sóis.

O homem que ama tornou-se sábio pela realidade
[do amar,

O homem que ama não se fez erudito pelos livros.

O homem que ama está além da fé e da
[incredulidade,

O homem que ama cavalgou para fora do não-ser,

O homem que ama acercou-se com porte sublime.

O homem que ama está oculto, ó minha querida
_____!

Procura e me encontrará,
pois sou o homem que te ama.

*São Paulo, 14.08.04. (Inspirado em "O homem de Deus",
um poema de Rûmi, em Divã de Shams de Tabriz).*

Para Tati II

Afinal, de que cor é o mar?

Ele é da cor que os olhos do poeta o enxerga.

Para alguns é azul.

Hoje, no entanto, ele é verde.

Quais as cores básicas que produzem o verde?

Azul e o amarelo?!

Mas o mar é grande,

Como grande é a falta que me fazes.

Grandeza é medida, quantidade também...

Quanto de amarelo devo adicionar ao azul para
                    obter este mar?

Este mar é grande, nele cabem todas as desilusões
                    [e sonhos.

Hoje, no entanto, ele está verde.

Verde em diversas tonalidades:

Verde teus olhos,

Verde meu encanto.

Maceió, 29.10.00.

88 –

O rio da minha terra

O rio da minha terra, Maraã,
É maior que o rio da terra de uns e outros!
Aliás, Maraã, além do seu rio, o Japurá, tem
também o seu lago, de nome Maraã.
É um oceano de águas,
senhor portuga!
Contudo,
Os rios que tudo levam,
senhor grego,
no meu caso, tudo trazem...
Saudades,
Recordações
Lembranças
Tudo pode até fluir,
tudo que é sólido,
pode até se desmanchar no ar,
mas, a minha saudade,
que é fluida,
felizmente, teima em não se desmanchar:
dos meus olhos, das minhas lembranças, do meu
[coração.

São Paulo, 06.07.06.

Os poemas bonitos são aqueles que falam de amor

Os poemas bonitos são aqueles que falam de amor.

Será que seus autores são amantes?

Penso que não,

são eles os desiludidos,

os abandonados pelo amor.

Inspiração nasce daí... da dor,

do sofrer,

do chorar,

do querer,

do não ter.

Felicidade,

definitivamente,

não rima com poetar o amor.

São Paulo, 17.05.02.

Panegírico

à Joaquim Benedito Barbosa Gomes.

Justiça é palavra que não cabe, como mão na luva
[do dono, no direito.
Ocupa espaço onde este não chega, em especial o
[positivo.
Ainda que espíritos menores só tenham olhos para
[a fria lei,
Quiçá esquecendo a hermenêutica,
Única forma pela qual o direito se comunica,
Impedindo que alguns vejam a missão do jurista:
Mostrar o que vê, onde outros nada veem.

Buscar harmonia no sistema jurídico.
Encontrar efetividade para as normas
[constitucionais.
Não interpretar a Constituição de acordo com a lei,
[mas o inverso.
Esquadrinhar até encontrar a simetria entre o
[direito e as necessidades futuras.
Divergir por convicção, não por voluntarismo.
Isso ensina as mais modernas regras de
[interpretação.

Ter vontade de constituição é o arremate final.

O resultado dessa soma é a sua força normativa.

Basta ler a lei para tudo estar resolvido?

A vida da lei é regada pelo sangue da
[interpretação de seus aplicadores.

Ruirá, como um corpo engessado ao cair, no dia em
[que não receber essa oxigenação.

Bastam essas razões para sabermos que existe
[horizonte além do fim da terra.

Onde realidades somadas encantam nossos olhos e
[sonhos.

Sentidos (visão e mente), que nos guiam pela vida.

Ajudando-nos na missão que nos foi confiada:
[aplicar a lei, mas com justiça.

Guiar e sermos guiados pela bússola do bom senso,

Opor-nos às antipatias pessoais,

Meditar, antes de apressadas decisões,

Encontrar a justa medida que satisfaça a vida em
[sociedade

Só os espíritos altaneiros pensam assim.

CRISálida

Se anjos existem eu não sei,

Mas sei que existe uma "anja".

Ela é loira! Mas é "anja"!

Quanto carinho para com um ingrato!

Quanta energia com seu sorriso largo!

Que brilho em seu olhar!

E meu coração?

Esse é o ingrato.

Parece até que é de pedra,

Embora se desmanche com sua alegria

contagiante, sincera e pura.

CRISálida!

Eras larva quando apareceu em minha vida uma

maldita borboleta e não saíste do casulo!

Quanto esperar, quanto amor, quanto carinho,

quanta paciência, quanta ternura... quanto ar,

vento e liberdade me dás...

E eu?

Eu continuo a merecer meu calvário, trilhado,

exatamente, por não seguir teus passos.

Só me resta pedir-te perdão.

É o que faço agora e farei sempre, pois por maior
que seja a miséria do mundo, e é exatamente do
tamanho da minha, ela é menor que um átomo da
tua alma nobre e generosa.

Que desabrochemos juntos e, assim, possamos voar
[pelo infinito.

São Paulo – SP, 16 e 19.05.09.

Pedido de Natal

Tolerância:
Pois pensamos diferente.

Respeito:
Pois somos iguais.

Solidariedade:
Pois nos precisamos.

Hoje e sempre!

São Paulo, 24.12.08.

Pedido

para Maíra.

Embora seu sorriso seja plácido,
como a superfície de um lago calmo,
seus olhos são um mar em ira,
tragam tudo que eles alcançam.
Vão além, fazem prisioneira a alma.
Que fazer para fugir desse encanto?
Rezar?
Gritar?
Praguejar?
Derramar rios de pranto?
Nada disso é suficiente para libertar um espírito
[abalado.
Afinal, tua voz, é mais um outro cadeado.
Ver-te é viver, embora se morra quando mais se
[quer viver.
Seria demais sonhar em ser feliz?
Estar por perto de ti.
Sentir o ar quente que exalas pelo teu esmerado
[nariz.
Tua ausência sempre me dói,

Fico quieto e no meu canto.

Me deixo.

Mas o que queria mesmo era ficar escondido no
[fundinho do teu queixo.

Acabaram-se as rimas mais não a emoção, por isso
[te levo sempre pulsando no meu coração.

Dá-me mais um sorriso.

É tudo que me resta.

Para ti não custa nada,

para mim transformarás a vida em festa.

São Paulo, 17.02.04.

Poema em 1ª pessoa

Pensei na vida

no fardo pesado que carregamos

nos desencontros e desventuras

nas tristezas e depressões

em tudo que a vida nos dá

e no que ela nos cobra

e que temos que pagar.

Pensei melhor

e me vi feliz

há os momentos melancólicos

é certo

mas isso é o preço que pagamos

pelos nossos momentos de felicidade.

Não devemos desesperar nas dificuldades

pois logo após a tempestade

vem por certo a romaria.

Não podemos jamais fugir dos opostos: positivo x

[negativo

assim aprendemos

que o fardo não é tão pesado.

Vivendo mais um pouco

chega-se à grande descoberta:

o fardo não pesa nada

ele até levita

mas quando a descoberta é feita

é sempre muito tarde.

Eu acabo de fazê-la!

Mas, com licença

a noite está a bater-me à porta

preciso acompanhá-la.

Manaus, 02.05.85.

Penetrar-te

Queria penetrar-te com meu verso vigoroso,

e deixar que com ele brincasse para o nosso deleite

apaziguando, assim, nossos corpos e almas.

E, terminado o ludismo,

enquanto esperamos o próximo jogo,

e eu tendo que partir,

meu prazer, só em pensar na volta,

deixaria dentro de ti

rios e gotas das minhas lágrimas vivificantes.

São Paulo, 25.07.12.

Posso chorar todas as minhas lágrimas

Posso chorar todas as minhas lágrimas:

com sal, com sangue, com dor,

Posso dilacerar meu corpo,

arrancar todas as células com uma pinça.

Gritar os gritos mais lancinantes.

Me perder e me encontrar depois de tudo beber.

O fel mais puro será taça sublime no amargor de
        [minha boca, que louca teima em cantar.

Não cânticos, mas agouros para uma alma que
        [queima antes de chegar ao inferno.

Talvez nem lá seja tão quente quanto o fogo que
        [percorre minhas entranhas.

Meu fígado expele uma caudal de biles amazônica.

Tudo em mim é tristeza.

Tudo em mim é solidão.

Tudo em mim é sofrimento.

É para isso que serve o amor?

São Paulo-SP, 17.05.02.

Você me aprisionou

Você me aprisionou numa pocilga!

Suas paredes medem mais de quatro metros de
[altura.

E eram revestidas com azulejos.

Lubrificados com a gordura imunda que lá
[depositava-se.

Mas, de lá eu tinha que sair.

Diariamente e, a exaustão, escalava à Sísifo.

Era uma tarefa sobre-humana imposta a um
[mortal.

Saí!

E aos seus novos convites e promessas só me resta
[dizer: Não, obrigado!

São Paulo, 28.09.10.

Por que quero estar em sua companhia?

Eu queria estar sempre ao teu lado
assim poderíamos construir muitos castelos de
[areia
sem querermos ser o rei e a rainha que moram lá
[dentro
as paredes impõem limites, prendem, sufocam
construiríamos só para continuarmos no sonho de
[estarmos lado a lado
e rirmos quando a onda destruísse a construção
["desimponente"
fortalecendo, com isso, os laços invisíveis que nos
[unem
que nem o poderoso mar é capaz de marear!

Santos-SP, 2014.

Foto

"O mundo é lindo,

com você ele ganha cores e sabores.

A vida, para alguns injusta, por ti, merece ser vivida.

Mesmo na foto em que estás ausente,

sua imagem está gravada

...na minha mente"

Manaus, 04.11.98.

Se a beleza em ti fez morada

Se a beleza em ti fez morada,

foi só para mostrar o quanto podes ser amada.

Amada hoje, ontem e amanhã,

amada sempre,

como se ama uma irmã.

Amor diferente:

de pele e de cheiro,

amor de homem que te quer no mesmo travesseiro.

Amor de pecado,

amor de mundo acabado.

Teus olhos

Teus olhos são duas pérolas,
que em meus sonhos,
neste mar de esperanças,
busco encontrar.

São Paulo, 14.05.01.

Garçom

O garçom,

Esse confidente discreto e impassível com a dor.

Dor que nos dilacera o corpo e a alma,

mas que para ele é apenas mais uma dor,

igual a tantas outras de todos os dias.

Ele nos serve o elixir que nos afrouxa o peito,

sem quebrar as correntes que nos aprisionam o

[coração.

Seus conselhos e o correio que sempre acerta a

[destinatária, ajuda a nos levar a outros braços.

Quantas desilusões já ouviu?

Quantas lágrimas seu lenço já enxugou?

De quantas traições é cúmplice?

Quantos amores uniu?

Quantos impérios alcoólicos viu nascer, crescer e

[destruir-se ?

Quantos outros impérios verdadeiros foram

[sorvidos, copo-a-copo, e despejados no ralo negro

[do sem volta?

Sua prudência, quantos males maiores evitou?

Maceió, 29.10.00.

Tua busca

Perdido no cosmos infinito um dia te conheci
caminhos longínquos, intransponíveis,
foram por mim vencidos.
Venci a fúria dos ventos que atormentava quanto
[mais de ti me aproximava.
E ao sentir tua presença minhas forças se
[renovavam.
E o meu amor ardia como fogueira na noite
[enluarada.
Te conheci!
A busca louca é hoje prazer obstinado:
por te sentir ao meu lado:
e saber que sempre estarás comigo seja
[onde e em que tempo for.

Manaus, 09.04.84.

Um pássaro malabarista

Um pássaro malabarista passa
corta e recorta o horizonte
a tarde cai
com ela caem minhas esperanças e sonhos
mais um dia que passa
e uma noite que vem
fria e envolvente
a casa esta só
sem você não há ninguém
a cama é grande
e fica cada vez maior
maior também fica o desejo de te ver entrar
e assim preencher todos os vazios:
da casa
da cama
e do meu coração ansioso.

Manaus, 22.09.82

Tua imagem

Tua imagem me faz reviver amores que:
nunca conheci,
nunca vi,
nunca tive.

Teu sorriso me faz recordar de:
som que nunca ouvi,
beleza que nunca vi,
doçura que nunca provei.

Te ver, me faz lembrar de ti:
que eu saiba que existias, mas que julguei ser fruto
dos meus sonhos,
das minhas fantasias.

São Paulo-SP, 04.11.01.

Um dia sonhei ser poeta

Um dia sonhei ser poeta,
mas a caderneta alemã era muito cara
e a minha poesia muito pobre.
Assim, resolvi abandonar meu sonho.

Um dia sonhei ser poeta,
na rua encontrei uma pena,
mas a tinta era muito cara,
e, assim, abandonei meu sonho.

Depois, descobri que poderia ser poeta sem papel,
[pena e tinta!
Eis que agora escrevo usando meus dedos
[molhados com meu sangue,
sobre a minha própria pele.
É sobre este suporte que vocês lerão as
[inquietações de uma alma a partir de agora.

Um dia quis ser poeta,
mas levaram meus olhos,
e perdi tua beleza.

– *III*

Levaram meu olfato,

e perdi o teu cheiro.

Levaram meu paladar,

e perdi o sabor dos teus beijos.

Levaram minha língua,

e não pude mais dizer do meu amor.

Levaram minha audição,

e eu perdi a melodia da tua voz.

És a deusa na minha vida,

e minha vida se transforma com tuas palavras

(teu verbo em mim se faz carne)

Onde disseste amor, nasceu o oposto.

Onde disseste felicidade, se fez o contrário.

O teu verbo se fez vida.

O sol gela.

A água aquece com seus raios ultravioletas.

O ar me sufoca.

A água se fez vinho e este se fez vinagre.

Sem ti, o doce virou amargo e o amargo se fez fel.

São Paulo, 02.04.10.

Vão esperar

Enquanto te esperava

o sol nascia brilhante.

Esperei-te mais um pouco

o sol aqueceu e passou sobre mim.

Continuei a te esperar

talvez por medo de vires

vi o sol ir deitando no poente.

Quando ele puxou sua última fibra luminosa

a noite violenta caiu

e logo veio a lua e...

fez o mesmo percurso do sol.

Novamente o sol brilhou no horizonte.

Caiu a última gota de orvalho,

com ela caiu também minha esperança.

O orvalho evaporou

minha esperança também.

Saí a te procurar

quem sabe te encontre um dia

seja no passar do sol

seja no passar da lua.

Manaus, 25.08.83.

Teu hálito

Dizem que o pecado é o que sai da boca.

Isso pode até ser verdade...

Mas como são inocentes as pessoas!

Ou será que elas ainda não ouviram a minha
[amada?

Creio que não, senão o que dizer do seu hálito?

Que tem cheiro de leite, âmbar, bonança, amor,
[desejo.

Que é vida, que provoca vida a produzir outra vida.

Como, então, dizer que da boca sai pecado?!

Aceitar tal destino, seria mais que desatino,

seria aceitar que é pecado nascer, viver e amar!

E é tudo isso que trazes quando te ouço falar.

Maraã-AM, 1999.

Vestimentas

Muitos aqui já mostraram os talentos de suas
penas,

falando em prosa e versos sobre as nossas
vestimentas.

Das suas causas não quero destoar,

pois para isso me falta talento,

por isso peço licença para agora apresentar,

meu modesto pensamento,

que ao deles vem se somar,

sem, contudo os igualar.

Mesmo que a empreitada seja temerária,

tentarei, em breve palavras, exprimir,

como vejo a questão da indumentária.

Não advogo os trajes da "Chiquita bacana lá da
Martinica",

aquela que se "veste com uma casca de banana
nanica",

Também não quero que as nossas Anas

se vistam com "um biquíni de bolinhas
amarelinhas,

que na palma da mão se escondia",

como fazia a homônima.

Pela justiça, D. Quixote fez de uma bacia um elmo,

e com ele, honradamente combateu,

já o comprador/vendedor da Daslu,

com seu Versace, da polícia se escondeu.

Com quem está a virtude?

Com quem o miserável a perdeu?

Não me vejam como criador de desarmonia,

também não quero ser subversivo,

mesmo sabendo que não sou afável,

a única coisa que busco nas minhas vestes,

é me sentir confortável.

No MPF não pode existir preconceitos,

luta ele pela liberdade,

causa na qual, metaforicamente, sempre deve
"mostrar o peito",

pois é este sonho humano, o objetivo último dos
seus pleitos.

Defende a causa das mocinhas,

e também dos brucutus,

chegando até a defender,

como ocorre com os índios,

o direito de andarem nus.

São Paulo, 29.07.05.

Você e o tempo

Se reclamas que não mais te faço poemas,
É porque não mais tenho tempo.
Melhor explicando:
é porque não existe mais tempo.
Ao teu lado estou em outra dimensão, em outro
                                    [plano.
Não sei se o tempo passa ou se passo pelo tempo.
Seja como for, o certo é que qualquer tempo do
        [mundo não é suficiente para fazer-te poemas.
Ocupas todo meu tempo que não tenho tempo de
                                [fazer-te poemas.
Decidi: não te faço mais poemas!
A menos que saias:
dos meus olhos,
do meu olfato,
dos meus pensamentos.
Só assim terei tempo para escrever-te poemas de
                                        [amor,
tempo do qual me tornei escravo,
afinal, não sei mais diferenciar em quem vivo:
em você ou no meu tempo.

São Paulo-SP, 22.03.02.

Você gosta de poesia?

Você gosta de poesia?

Detesto! Para que serve?

Acho que todos os poetas deveriam morrer,

como García Lorca, também enforcados, em praça
[pública.

Poeta faz mal à ditadura, por falar de liberdade.

Faz mal ao obscurantismo, por falar em pensamento.

Faz mal à desunião, por falar de amor.

Faz mal ao individualismo, por falar no bem para
todos.

Faz mal ao egoísmo, por falar em solidariedade.

Faz mal ao progresso, por falar de meio ambiente.

Enfim, o poeta é um nada que pensa em tudo:

que vê beleza onde só o feio tem vida;

que vê alegria onde só se ouve choro;

que vê a beleza da vida onde reina a morte;

que teima em cantar onde todos se lamentam.

Definitivamente, o poeta está no mundo errado.

Enforquemo-lo!

*São Paulo-SP, 20.06.06 (Diálogo imaginário travado pelo autor
com um poeta que vendia poesia na Rua Augusta).*

Não sou poeta

Já te disse que não sou poeta.

Por que me pede que te faça uma poesia?

Por que insiste em inspirar-me?

Teus olhos negros e brilhantes iluminam meus dias
e acendem a centelha do amar.

Guiam-me para os teus delicados e longos braços
como a bússola para o norte.

Alguém já disse que eles são "a porta da alma".

Os teus, no entanto, são, também, o interior ao que
leva essa porta.

Quem neles adentra jamais sairá, é um abismo de
prazer e devoção.

Teus lábios, além de serem como o "sabre
ensanguentado",

dilaceram por sua doçura e maciez, além de
saciarem a sede,

já que são fonte permanente de água cristalina e
abundante.

Teu hálito exala o mais suave e inebriante dos
perfumes,

mistura de leite, néctar, âmbar e outras essências
reunidas numa só,

que me embriaga e faz cativo da exalação desse ópio.

Teu corpo, enfim, é como o abrigo do navegante que foge da tempestade:

seguro, acolhedor, protetor, inesquecível e de onde somente se afasta por necessidade,

nunca por prazer.

Prazer é ficar.

Por que queres que te faça uma poesia?

Você não precisa de poeta: és métrica e rima.

Em ti a poesia se concretizou.

Manaus-AM, 04.03.00.

Oferecimento à professora

Para a professora _____,

Pessoa que só conhece mentira conjugal porque existe literatura.

São Paulo, 22.10.02.

Desencontros

Eu parti
Ela chegou
Perdeu eu
Perdeu ela
Ficou triste o amor.

São Paulo-SP, 10.05.04.

Destino

Na imensidão do rio Amazonas, com o sol a pino, o caboclo, com seu remo e sua canoa, não sabe qual será o seu destino.

Nem eu, que o admiro,
sei o meu!

Ne tu, que me lês,
sabes o teu!

Manaus, 31.12.04

Encontro perfeito

Na pele queimada da menina
no seu bronzeado ímpar de mulata
senti-me perdido
queimei a retina.
Na sua beleza de mulher
no seu belo requebrado
senti-me um nada
um menor abandonado.
A menina mulata passou
se me viu, não me olhou.
Recompus-me
fui à forra
dei a maior pista
ela aceitou
meu coração anarquista balançou
ela gamou, pirou
encontrou seu par
hoje já não sonha
só quer amar,
cantar e
dançar.

Manaus, 13.05.81.

Guiomar

Guie-nos Deus e as leis.

Unamo-nos no valor da Justiça.

Inspiremo-nos ideais libertários e humanistas.

O homem, assim, preservará seu futuro.

Muitos tombaram na defesa desse sonho real,

Ainda que outros teimem em esconder a luz solar.

Resta você, defensora desse ideal e suas
[consequências.

Manaus-AM, final da década de 1990.

Se eu nunca mais voltar a ver-te

Posso nunca mais voltar a ver-te.

Meus olhos com isso sofrerão.

Mas o que importa?

Meus olhos podem não mais serem abençoados,

mas, em compensação, meu coração será
[eternamente cativo,

pois nele estará gravada tua imagem.

Gravada como se fora com um ferro em brasa.

Tudo para lembrar-me que existes,

e como escravo antigo, serei eternamente teu.

Sampa/Manaus, 29.06.01.

Por que você?

Teu último beijo ainda me umedece os lábios
teu último abraço ainda me mantém estático
ainda mantém viva a chama do desejo insaciável,
é por isso que tudo entre nós me conduz a ti.
Tudo em ti só me prende a ti, pois
em ti eu respiro
como
bebo
e por ti eu vivo.

Manaus, 07.03.83.

Atrevimento

Gostaria de dizer-te algo.

Mas, por favor, não me tomes por atrevido.

É que faço parte de um grupo que insiste em não
[evoluir.

Por favor, não te ofendas com o que ouvires.

Sei que o que vou dizer está fora de moda.

Rogo-te, tenha compreensão com quem pouco sabe
[dizer.

Minhas palavras podem ferir teus ouvidos.

Piedade para com quem pouco sabe falar.

Sei que irei te decepcionar, já que esperavas mais
[de mim.

Seja caridosa, dá-me teu perdão.

Descobrirás que não sou inteligente,

que não sou capaz de dizer palavras que enebriem
[tua alma,

que consterne teu coração, que acalante teu
[espírito e cause frenesi no teu corpo.

Mesmo assim, atrevo-me, já que teu coração
[caritativo irá compreender um triste poeta.

Um poeta que apesar de perdido no tempo e no
[espaço insiste em crer no amor.

Não caçoes de mim.

Escutas com atenção, pois te digo do fundo de
[minh'alma:
EU TE AMO!

Manaus-AM, 03.02.01.

Contabilidade do amor

Sua partida,
em minha contabilidade de saudades,
são anotadas como partidas dobradas.

SP, 30.03.06.

Admiração

Se for crime admirar tamanha beleza,
cegar-me-ei!
Não permitirei que eu a veja se não for para
admirar-te.

São Paulo, 27.05.03.

Regozijo

Bendita a hora em que te conheci
a solidão constante
deu lugar à esperança
revivi meus sonhos de criança
reconstruí meus castelos de ilusões
que seriam tua morada
sol, lua, mar, estrelas,
tudo nosso,
onde só o amor possa se hospedar.

Manaus, 19.08.84.

Sou um cavalheiro

Sou um cavalheiro,

fidalgo,

louco

e justo como o de "la Mancha".

Tão fiel como D. Quixote.

Tão dedicado quanto Sancho.

Tão amoroso quanto o pastor Crisóstomo.

Sou forte,

posso vencer monstros,

lutar contra moinhos.

Por você, enfim, conquisto o mundo,

dando-te reinos e tesouros.

Aceitas ser minha Dulcinéia?

Manaus, 22.10.99.

Zélia

Zeloso seja o dono de tua alma.

És a dádiva que o homem procura.

Leis divinas impelem-nos aos teus braços,

Inesgotável fonte de amor e proteção.

Alimenta-nos com a ilusão do teu sorriso.

São Paulo, sem data.

Sem nome

Não sei descrever-te,

só sei querer-te.

Tens mil defeitos,

uma única virtude:

a minha admiração.

Esta superam aqueles.

És bela,

assim te vejo.

És a saciedade do meu desejo.

Manaus, 29.01.99.

Teu olhar

Teu olhar me desnuda!
(corpo e alma)
O que faço com minhas mãos?
Cubro-me ou conchego-te junto ao meu peito
para que sintas meu coração machucar o teu?

Santos, 04.07.15.

O capital entortou a metafísica!

Tantos milênios de estudos!

A filosofia por séculos e séculos quebrou a cabeça
com o tortuoso e tormentoso tema!

Rios de tinta foram gastos! Fluíram em vão!

Milhares de respostas foram propostas! Todas
insatisfatórias!

Criou-se a metafísica que tenta responder à
pergunta fundamental da ontologia:

– Qual é o ser do ente?

Eis que aparece o capitalismo e facilmente desvela
decretando a resposta e entorta a metafísica:

– Ser é ter!

Ou: só quem tem é!

E, assim, Parmênides foi superado pelo vil metal!

Quem não tem, sofre tentando ter.

Quem tem, preocupa-se com não deixar de ter!

Com isso, passamos todos a viver, alguns bem,
outros nem tanto, infelizes para sempre!

São Paulo, 25.04.15.

Ode ao vinho I

Vi!
Cheirei!
Sorvi!
Embriaguei-me
no vinho que despejas dos teus lábios!

São Paulo, 04.08.13.

Ode ao vinho X

Bebo de tudo um pouco
mas nem de tudo que bebo gosto!
Aliás, gosto de muito pouco,
pois pouco chega a lembrar
o inigualável sabor dos teus lábios.

São Paulo, 04.08.13

Egoísmo

Revendo meu livro de lembranças
Encontrei teu retrato amarelado pelo tempo.
Vi nele o que um dia na vida eu quis.
Não posso negar o quanto foi bom.
Orgulhoso de mim e de você,
ao teu lado viajei por mundos fantásticos.
Agora que já não és como outrora,
que o tempo matou a menina que existia em ti,
deixando outra pessoa em seu lugar,
que não é aquela por quem me apaixonei um dia,
não posso mais ficar.
Tenho que partir atrás do que foste um dia.
Respiro fundo e vou em frente,
é hora de mudança.

Manaus, 13.08.84.

Vinho encorpado

O vinho encorpado quase pulava da taça
e me espremia o pescoço para dizer-me:
– admira a cor dela, idiota, e não a minha,
pois sou teu escravo apenas para que possas
[servi-la.

Santos, 2013.

Poesia é...

Poesia é a geometria da beleza.

São Paulo, 25.04.03.

Este livro foi composto em Centennial e impresso
em papel pólen soft 80 g/m², pela gráfica PSI-7 para
Editora Pasavento em agosto de 2015.